Jackie Niebisch

Die kleine Fußballmannschaft

Der Schrecken der Kreisliga

Ravensburger Buchverlag

Vor dem Sportgericht

Wie konnte es bloß dazu kommen, dass die kleine Fußballmannschaft vor dem Sportgericht landete? Was wirft man ihr vor? Wo die Jungs doch ganz symphatisch aussehen ... Angeblich sollen sie eine Menge auf dem Kerbholz haben. Nicht nur, dass sie ihren gewonnenen Pokal zurückgeben müssen – man hat auch vor, sie aus der Kreisliga auszuschließen!
Auf dem Richtertisch liegt ein ganzer Stapel Aktenordner voller zusammengetragener Vorwürfe. Von **A**, wie **Angst und Schrecken verbreiten**, bis **Z**, wie **Zu unfairen Mitteln greifen**.

Um kurz nach neun tritt der oberste Fußballrichter ein und eröffnet die Verhandlung:
»Im Verlauf dieses Verfahrens wird das Gericht die hier anwesende beschuldigte Mannschaft mit Rücksicht auf den Namen ihres Heimatortes und zu ihrer eigenen Sicherheit einfach nur ›den FC‹ nennen. Vieles liegt gegen euch vor, auf unrühmlichste Weise habt ihr euch in den Besitz des Fußballpokals gebracht. Mit gemeinsten Tricks und hinterlistiger Tücke habt ihr euch bis ins Endspiel vorgeschmuggelt und dabei die Gutmütigkeit des Schiedsrichters aufs Übelste ausgenutzt.
Bevor ich das Urteil verkünde, müssen wir jedoch einen kritischen Blick auf die traurigen Vorkommnisse werfen. Wie so oft im Leben, fing auch bei euch alles ganz harmlos an …«

Hirni und seine Drohbriefe

Als Erster der kleinen Fußballmannschaft wird Heini Müller in den Zeugenstand gerufen. Seine Freunde nennen ihn einfach Hirni, weil er immer so ausgeklügelte Ideen hat.
Der Richter sieht ihn scharf an:
»Vor jedem Spiel hast du angeblich an die anderen Mannschaften Briefe ohne Absender verschickt. Drohbriefe! Mit Schreibmaschine getippt oder mit ausgeschnittenen Buchstaben aus der Zeitung.
Hier zwei Beispiele:

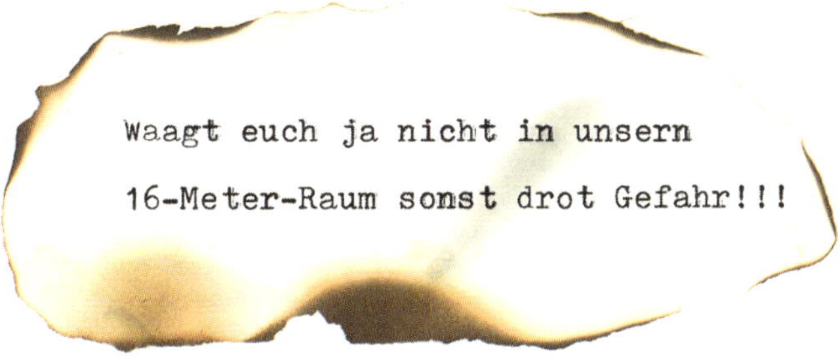
Waagt euch ja nicht in unsern
16-Meter-Raum sonst drot Gefahr!!!

gebt acht!
die Fäns des FC
werden grausam sein Wenn
ihre Mannschaft heute Verliert

Ein anderes Mal hast du sogar dumpfe Sprüche an die Tür der gegnerischen Umkleidekabine gesprüht: ›Lieber ein paar Punkte verlor'n, als die Knochen geschor'n!‹ Was hast du dir dabei gedacht? Was fällt dir ein, Heini Müller! Die Turn- und Sportfreunde Hopfau waren so verunsichert, dass ihr prompt gewonnen habt. Hast du dazu noch etwas zu sagen?«
»Nee«, sagt Hirni und muss sich wieder setzen.

Rudi Wopper

Als Nächstes erscheint Rudi Wopper im Zeugenstand.
In seinem Spind hatte er eine ganze Trikot-Sammlung aller Vereine, gegen die der FC spielen musste.
Laut Zeugenaussagen soll er sich jedes Mal das passende Trikot übergestreift und sich so in die gegnerische Verteidigung eingeschlichen haben.
Um von seinem Gegenspieler den Ball zu bekommen, rief er dann immer: »Vorsicht, Hintermann – gib ab!«
»Das geht doch nicht!«, sagt der Richter. »Zu solchen Mitteln zu greifen, nur weil man zu faul zum Dribbeln ist!«
»Aber ich kann doch nicht so schnell rennen wie die anderen ...«
»Das ist keine Entschuldigung, Rudi! Du hättest mehr trainieren können. Oder den Linienrichter machen. Jedenfalls bestand kein triftiger Grund für ein so hinterhältiges Täuschungsmanöver!«
»Jawohl, Herr Richter.«

»Ist das denn nie aufgefallen? Schließlich kennen sich doch die Spieler untereinander.«

»Na klar, aber da war der Ball meistens schon im Kasten, und ich hab mich ganz schnell auswechseln lassen ...«

»Wie aus dem Protokoll hervorgeht, sollst du außerdem den Verein gewechselt haben, obwohl die Transferliste längst geschlossen war. Für eine Ablösesumme von angeblich zwanzig Tafeln Milka-Haselnuss und zehn Ferrero-Küsschen!«

»Ich wollte ja erst bleiben«, beteuert Rudi, »aber bei meinem alten Verein gab's nie Süßigkeiten.«

3

Harry Handlos und seine Tricks

Was hat sich nun der Torhüter vom ›FC‹, Harry Handlos, zuschulden kommen lassen?
Er kam zum ersten Meisterschaftsspiel mit so riesigen Handschuhen, dass er mühelos jeden Ball aus dem Kasten angeln konnte.
Das brachte die gegnerischen Stürmer total zur Verzweiflung. Sie schossen aus allen Lagen, aber die Bälle klatschten immer wieder an seinen großen Händen herunter.

In der letzten Spielminute zischte ein Ball exakt in Richtung oberes rechtes Eck, alle hatten schon den Torschrei auf den Lippen, da streckte Harry Handlos lässig den Zeigefinger in die Luft und der Ball war erledigt.
Der Richter ist ganz erzürnt:
»Gerade von einem Torsteher erwartet man, dass er das moralische Rückgrat der ganzen Mannschaft bildet!«

Aber nicht so Harry. Im darauf folgenden Spiel griff er zu einer ganz anderen List.
Er hatte ein so kleines Tor aufgestellt, dass die Stürmer ständig daneben schossen. Schiedsrichter Amselmann wollte einschreiten, doch Harry entschuldigte sich:
»Es war kein größeres da.«
»Und wo ist, bitte schön, das große, das normale, das gestern noch hier stand?«
»Hat wahrscheinlich über Nacht jemand weggetragen. Geklaut ...«
»Klingt sehr merkwürdig«, meinte Amselmann. »Ich werde das Spiel lieber abbrechen.«
»Wer wird denn gleich zur Pfeife greifen«, sagte Harry. »Nächste Halbzeit kriegen die andern das kleine Tor und wir übernehmen das große!«

Das schien ein fairer Vorschlag zu sein. Auf den ersten Blick.
Doch so sehr die gegnerischen Stürmer auch schossen, ein Treffer wollte ihnen wieder nicht gelingen.
Schmunzelte Harry: »An meinen großen Handschuhen kann es diesmal ja nicht liegen ...«

Beckenbauer, Klinsmann und die römischen Ziffern

Der Richter blättert weiter in den Akten und ruft die nächsten Spieler in den Zeugenstand: »Franz Beckenbauer und Jürgen Klinsmann!«

Aber kaum, dass er's ausgesprochen hat, stutzt er: »Seid ihr etwa die Söhne unserer berühmten Nationalspieler? Wie kommt ihr zu diesen Namen?«

»Haben wir uns selber gegeben. Sie könn' aber auch Franzl und Klinsi zu uns sagen, Herr Richter. Seit unserm letzten Spiel nenn' uns alle so.«

»Wer hat euch eigentlich das Recht dazu erteilt?«

»Niemand. Wir dachten, wenn die andere Mannschaft bei der Aufstellung unsere Namen hört, kriegen die schon vorher Schiss. Wir ham sogar extra bayrisch glernt: Hau mas ummi!, und Auf geht's, Buam, jetzt wird Fußball g'spuit! Das wirkte so echt, dass die vor Schreck nich mal angegriffen haben.«

»Allerhand!«, sagt der Richter. »Und wie lauten eure richtigen Namen?«

Franzl überlegt. »Davor hieß ich Loddamaddäus!«

»Wie bitte?«

»Lothar Matthäus ...«

»Und ich Bierhoff. Oliver Bierhoff«, sagt Klinsi.

»Aber wir ham noch viel mehr Namen gehabt ...«

»Es reicht«, unterbricht sie der Richter. »Den Aussagen zufolge gehen allein auf euer Konto eine ganze Latte von Gemeinheiten. Zum Beispiel die Sache mit den römischen Zahlen!«

»Das mit den römischen Zahlen war Hirnis Idee«, sagt Franzl. »Ich hab sie nur ausgeführt ...«

»Würdet ihr jetzt die Freundlichkeit haben, dem Gericht zu erklären, warum ihr die erkennungsdienstliche Arbeit des Schiedsrichters so erschwert habt?«

»Um Zeit zu gewinnen«, antwortet Franzl. »Wir wussten, dass Amselmann keine römischen Zahlen kann. Ich hab also 'n ganz kleines Foul gemacht, dann ist der Schiedsrichter gekommen, mit seinem Block, und musste total lange überlegen: Ist das nun eine 4 auf meinem Rücken oder eine 6? Das dauerte 'ne ganze Weile, und als er's nicht rausgekriegt hat, hat er die Zuschauer gefragt.«

»Einspruch!«, ruft plötzlich der Schiedsrichter, der ebenfalls anwesend ist. »Es gehört schließlich nicht zu meinen Aufgaben, römische Zahlen zu entziffern. Außerdem hab ich jedes Mal nachspielen lassen.«

Der Richter ermahnt daraufhin die beiden: »Versucht nicht, von euren Missetaten abzulenken und den Unparteiischen lächerlich zu machen!«

»Jo mei«, sagt Franzl. »Dös war aber so. Einige Zuschauer meinten erst, das wär 'ne 4 auf meinem Rücken, und die anderen sagten, so 'n Quatsch, das ist 'ne 6. Und dann kamen alle auf den Rasen gelaufen und stritten sich und redeten durcheinander: ›Na hörnse mal, bei der 4 ist der Strich vor dem Vau! Das ist genau umgekehrt, was wissen Sie denn, ich war auf dem Gymnasium!‹ Und ganz zum Schluss, als immer noch nichts rausgekommen war, hat Herr Amselmann die Zahl einfach abgezeichnet.«

Die hässlichen Trikots

Erst lachen alle Zuschauer im Gerichtssaal, aber nach und nach fangen sie immer heftiger zu diskutieren an. »Ja, war das jetzt eine 4 oder eine 6?«
»Ruhe im Saal!«, ruft der Richter.
Auch Amselmann protestiert: »Ich fühl mich schon genug auf den Arm genommen. Bei den Jungs pfeif ich kein Spiel mehr!«
»Schon gut«, beruhigt ihn der Richter. »Zu Ihrem Fall kommen wir noch später.«
Dann knöpft er sich wieder Franzl und Klinsi vor.
»Wie aus den Akten hervorgeht, scheint ihr eine besondere Vorliebe für die Sportbekleidungen anderer Mannschaften gehabt zu haben. Zum Beispiel für die von Eintracht Schönegründ!«

»Ja schaun's«, erklärt Paule, »dös warn ganz eingebildete Pinkel. Vor jedem Spiel ham die sich extra die Haare gewaschen, mit Fliedershampoo, und 'ne halbe Stunde lang geföhnt. Ham ständig angegeben, was für tolle Trikots sie anhätten und dass sie allein schon deshalb Pokalsieger werden. Wir dachten, wenn die mal in ganz alten Klamotten antreten müssten, würden die so traurig sein, dass sie vor lauter Kummer verlieren ...«
»Was ja dann auch geschah!«
»... jedenfalls, zehn Minuten vor dem Anpfiff fingen die an wie verrückt ihre schicken Trikots zu suchen. Die sie natürlich nicht finden konnten. Da haben wir gesagt, wir hätten da noch zufällig elf Ersatztrikots ...«
»Und zwar diese ausgesprochen hässlichen.«

»Echte Knastkleidung, Herr Richter.«
Der Schiedsrichter meldet sich: »Mit furchtbar langen Nummern vorne drauf. Überhaupt nicht vorschriftsmäßig. Und so klein.«

Hosen geklaut!

»Die haben sich richtig geschämt«, kichert sich Klinsi einen ab. »Ständig auf ihre Rolex geguckt und gehofft, dass das Spiel endlich zu Ende geht.«
»Mir scheint, ihr seid sogar noch stolz auf diese Tat! Könnt ihr dem Gericht verraten, warum ihr der Spielvereinigung Huzenbach die Hosen geklaut habt?«
»Jo mei, dös war dasselbe in Grün. Wir haben dann wieder Ersatzhosen verteilt.«

»Waren die auch so hässlich?«
»Aber nein, Herr Richter, farblich gesehen waren die völlig o.k.! Die hatten nur den Nachteil, dass sie drei Nummern größer waren als die alten. Die Jungs konnten dann nicht mehr so gut dribbeln, weil sie ständig ihre Hosen festhalten mussten.«

»Und was war mit dem Streit um das 1:0?«
»Das war ganz einfach«, sagt Klinsi, »wir hatten grad 'n Tor geschossen, aber die Huzenbacher beschwerten sich, von wegen, ihr Torwart hätte beim Hechten die Hose verlorn und wär dadurch behindert worden …«
Der Schiedsrichter meldet sich: »Tut mir Leid, Herr Richter, aber ich musste das Tor geben, war korrekt erzielt.«

Fred Hämmerlein

Als Nächster wird Vorstopper Fred Hämmerlein zur Sache vernommen.
»Ich bin mir keiner Schuld bewusst«, sagt Fred, genannt Hacke.
»Und die Sache mit den Riesen-Töppen?«, fragt ihn der Richter.
»Ist das nicht auf deinem Mist gewachsen?«
»Wir hatten alle große Töppen an. Jeder von uns.«
»Und warum musstet ihr ausgerechnet in diesen Siebenmeilenstiefeln kicken?«
»Wir hatten alle Blasen an den Füßen, Herr Richter. Große Blasen!«
»Diesen Bären habt ihr dem Schiedsrichter auch schon aufgebunden. Die Wahrheit ist: Ihr habt gewusst, dass euch Rot Weiß Trittlingen technisch haushoch überlegen ist. Deshalb habt ihr euch mit diesen

Riesentretern ausgerüstet. Und das besonders Gemeine: Zusätzlich habt ihr noch ein Hufeisen hineingetan! Wenn hier jemand Blasen und Hühneraugen bekam, dann wohl die anderen. Setz dich, Fred Hämmerlein, und hör auf zu flunkern!«

»Jawohl, Herr Richter. Aber Sie könn' ruhig Hacke zu mir sagen ...«

Toni Schwalbe, der Elfmeterschinder

Jeder weiß, dass es nicht nur unsportlich ist, einen anderen zu foulen, sondern auch so zu tun, als wäre man gefoult worden. Sich spektakulär fallen lassen, Freistöße einheimsen, das machen viele Spieler gerne mal. Aber beim ›FC‹ wurde es systematisch trainiert. Zum Beispiel wie man im Strafraum, möglichst dramatisch, zu Boden geht.
Am besten konnte sich Toni Schwalbe hinfallen lassen. Und wenn mal weit und breit kein Gegenspieler in Sicht war, foulte er sich

einfach selber. Er trat sich dann mit herzzerreißendem Schrei in die Hacken, rempelte sich fies an und zerrte sich brutal zu Boden.
Als der Richter das hört, schüttelt er nur den Kopf:
»Anstatt die kostbare Trainingszeit für die Kondition zu nutzen, um Technik zu lernen oder richtig zu dribbeln, habt ihr Elfmeterschinden geübt. Wo soll Deutschland eigentlich seinen Nachwuchs herbekommen, wenn das Schule macht?«
Aus einem Aktenordner zieht er ein Blatt mit drei Bildern hervor:
»Dies ist das Original der Trainingsanweisung. Gefunden in der Kabine des angeklagten und hier anwesenden Vereins.«

Für wichtige Spiele hatte sich Toni allerdings eine besondere Strafraum-Kür ausgedacht: Start mit doppeltem Schrittberger, dann einfacher Abheber und anderthalbfache Schraube rückwärts, gefolgt von anschließender Landung mit zweifachem Biss in die Grasnarbe. »Aber damit nicht genug«, fährt der Richter fort. »Nachdem der gutgläubige Schiedsrichter den Elfmeter gegeben hat, habt ihr kleinen Rüpel obendrein versucht, mit unzulässigen Mitteln den Torwart

abzulenken, auf ihn einzureden, ihn in seiner Konzentration zu stören. Laut Protokoll sollt ihr dazu sogar zwei Gummispinnen benutzt haben!«

Der Richter erhebt sich.

»Wie konntet ihr euch über ein ergaunertes Tor nur so freuen?«

Die Schlammschlacht

Bevor die Gerichtsverhandlung fortgesetzt wird, soll noch an jene zwei kuriosen Spiele erinnert werden, die nicht in den Akten stehen, weil sie nicht gewertet wurden.
Als Erstes wäre da die Schlammschlacht, übrigens eines der fairsten Spiele des Turniers. Es hatte vorher ziemlich lang geregnet, alles war matschig geworden, die Trikots wurden immer dreckiger, und die Spieler fingen an, sich auf dem glitschigen Boden mit Erdklumpen zu bewerfen.

Nach zehn Minuten sahen alle wie braune Häufchen aus, sodass Rudi Wopper sich diesmal als Lehmklumpen getarnt in die gegnerische Abwehr schleichen konnte.
Der allgemeinen Spielfreude taten die schwierigen Bodenverhältnisse keinen Abbruch. Lediglich die Brillenräger hatten es schwer. Hirni zum Beispiel irrte mit der Eckfahne über den Platz und suchte verzweifelt seine Gläser. Doch vergeblich, das Spielfeld war eine dunkle Brühe. Jeder bewarf jeden. Selbst der Schiedsrichter bekam seine Portion ab. Als ein dicker Flatschen an seinem Hinterkopf landete, wurde das »Matsch« laut Spielbericht »ordnungsgemäß abgebrochen, wegen gegenseitigem Nichterkennens«.
Amselmann erinnert sich: »Bei dem Spiel, ja, da musste ich aufpassen. Besonders im Strafraum. Da flog immer 'ne Menge aufs Tor. Ball oder Pampe, das war da die Frage.«

Wo ist das Netz vom Tor?

Und als Zweites sei noch jenes Spiel erwähnt, in dem es keine Netze gab. Voller Tatendrang liefen die Mannschaften auf den Platz, doch als sie die nackten Tore sahen, verging ihnen richtig die Lust. »Wie soll man da mit Liebe aufs Tor schießen?«, ärgerten sich die Stürmer. »Das ganze Gefühl geht flöten, wenn der Ball ins Leere fliegt.« Alle stimmten zu: »Das muss rascheln hinterm Torwart!«

Das Spiel wurde trotzdem angepfiffen. Es war sicher das langweiligste, das je auf diesem Platz stattgefunden hat. Die Stürmer schoben sich lustlos den Ball zu. Spielten in die Länge, in die Breite, nach hinten oder gar nicht.
Und die Torwarte drehten Däumchen.
Als endlich Halbzeit war, fuhren Rudi Wopper und Hacke ins Dorf zu Rudis Tante. Sie hatte bestimmt irgendwas, das man anstelle der Netze aufhängen konnte.

Obwohl, wie man sehen kann, Rudi und Hacke Erfolg gehabt hatten, blieb das Spiel stinklangweilig und endete 0:0.
Rudis Tante war zwar ein großer Fußballfan und hatte eigenhändig mitgeholfen, ihre Ado-Gardine mit der Goldkante im Torrahmen anzubringen. Doch bevor sie sich wieder auf ihr Anglerstühlchen setzte, hatte sie alle Spieler vorsorglich gewarnt: »Wehe, ihr macht mir da Flecken drauf!«

Äktschn!

Amselmann und die Trillerpfeifen

Kommen wir nun zur zweiten Verhandlungsphase im Sportgericht. Schiedsrichter Amselmann ist in den Zeugenstand gerufen worden und kann seinem Herzen endlich Luft machen.
Er berichtet: »Also, das war so ... mitten in der ersten Halbzeit ... da pfiff immer einer das Spiel ab ... mit 'ner Trillerpfeife ... ich dachte, das kommt aus dem Publikum, so als Ablenkungsmanöver ... also pfiff ich das Spiel wieder an ... doch einen Moment später, da trillert's schon wieder ... und dann erwisch ich doch tatsächlich einen von diesen kleinen Strolchen, wie er eine Pfeife zückt! Einfach pfeift, als wär er der Schiedsrichter und nicht ich! Und warum? Weil er den gegnerischen Stürmer, der ihn gerade ausgetrickst hat, vom Schuss aufs Tor ablenken will! Da fiel bei mir der Groschen ...

... Ich ihm also das Trillerding gleich abgenommen und den Schlingel vom Platz gestellt. Ich dachte, jetzt ist Ruhe, aber dann trillierte das immer weiter, mal im Strafraum, mal im Mittelfeld, dann von allen Seiten. Sogar der Tormann hat seine eigene Pfeife gehabt! Na, die hab ich allesamt schön einkassiert. Ich hab den Spielern gesagt, wenn sie das noch mal machen, fliegen sie hochkantig aus dem Turnier. Mit dem Ergebnis, dass sie sich beim nächsten Spiel eine andere Gemeinheit ausgedacht haben ...«

Der Richter schüttelt nur den Kopf.
»Nicht mal Respekt vor dem Heiligsten!«
»Als ich das nächste Spiel anpfeifen wollte«, fährt Amselmann fort, »hab ich nach meiner Pfeife gegriffen, aber wie ich so reinpuste, gibt sie nicht den kleinsten Ton von sich, sondern wird länger und länger. Die haben mir so 'n Dingsbums in die Tasche geschmuggelt, was sich ausrollt, wenn man reinbläst. Hat überhaupt nicht getrillert, nur furchtbar getrötet! Ich hab mich schön blamiert beim Publikum.«
»Das kann ich gut verstehen«, sagt der Richter. »Aber hatten Sie keine Ersatz-Pfeife dabei?«
»Leider nicht. Ich hab die Spieler vom ›FC‹ gefragt, ob sie mir für das Spiel eine borgen könnten. Was die aber nicht gemacht haben.«
»Wieso habt ihr Herrn Amselmann keine Pfeife geliehen?«, fragt der Richter die kleine Fußballmannschaft.
»Hätten wir ja gern«, grinst Rudi Wopper.«Aber unsere waren leider alle.«
»Eine letzte Frage an Sie, Herr Amselmann. Warum ist das Spiel dann abgebrochen worden?«
»Ohne Pfeife fühlt man sich so hilflos. Ich hab es mit den Fingern probiert, aber die Spieler haben jedes Mal so laut gelacht, dass ich nichts rausgebracht hab. Nur Zischlaute, fft ... fft ...«

Harrys neue Elfmeter-Verunsicherungs-Taktik

Folgende Episode wurde im Gericht nur nebenbei gestreift, zeigt aber, dass Harry Handlos ein Meister der psychologischen Trickkiste war.

Es war im Achtelfinale gegen Borussia Murgtal. Das Spiel stand nach der Verlängerung immer noch 0:0 und ein Elfmeterschießen sollte die Entscheidung bringen.

Die beiden Mannschaften wählten ihre besten Schützen aus und dann ging's los: 1:0, 1:1, 2:1, 2:2 usw. Hatte die eine Mannschaft ein Tor vorgelegt, glich die andere schleunigst wieder aus. Nun sieht die Regel aber vor, dass kein Spieler zweimal schießen darf, sodass am Ende, als es 10:10 stand, jede Mannschaft ihren schlechtesten Torschützen antreten lassen musste.

Der ›FC‹ hatte Glück. Hirni traf den Ball und obendrein das Tor, und sie führten mit 11:10. Wenn Harry jetzt den nächsten Ball halten würde, wären sie eine Runde weiter. Als Harry Handlos sah, wie die Murgtaler ihren elften Schützen regelrecht zum Elfmeterpunkt tragen mussten, weil der sich nicht zu schießen traute, griff er zu seiner gefürchteten Zermürbungstaktik: »Musst nicht traurig sein, Kleiner. Jeden von uns trifft's mal. Du bist halt nicht geboren zum Elfmeterschießen. Ja, leg den Ball nur sorgfältig hin ... genau da ... auf den kleinen weißen Punkt ... brav, so ist's gut ... «

Bist wirklich 'n netter Junge. Aber du schießt leider daneben mit deinen süßen O-Beinchen.
Traust dich nicht? Verstehe, is wohl besser, wenn ich ganz aus'n Kasten geh...
Bitteschön! Aber schieß nicht so weit drüber, damit wir den Ball wiederfinden...
Grrr!

Der Lautsprecher-Freistoß-Trick

Einer der unfairsten Tricks der Fußballgeschichte war von Hirni erfunden und von Toni Schwalbe vollstreckt worden. Die gegnerische Mannschaft hatte gerade ihre Mauer formiert, alles konzentrierte sich auf den Ball und Toni nahm Anlauf. Da erklang plötzlich Hirnis Stimme durch dem Tribünen-Lautsprecher: »Seht mal, da oben!«

Alle guckten hoch, auch Amselmann, und bums!, genau in diesem Moment landete der Ball im Kasten.

»Wie wir wissen«, sagt der Richter, »ist dies nicht das erste Mal gewesen, dass ihr die Lautsprecheranlage missbraucht habt. Einmal habt ihr sie sogar eingeschaltet, um unliebsame Spieler vom Platz zu rufen. Einmal sogar die Hälfte der gegnerischen Mannschaft!«

Die Flutlichtfalle

Kommen wir nun zur Flutlichtfalle, einer Spezialität des ›FC‹, der mittlerweile bis ins Viertelfinale vorgedrungen war. Das Spiel war für abends angesetzt und alle freuten sich.

»Das ist immer ein besonderes Ereignis«, beginnt der Richter. »Das macht jedem Fußballer Spaß, sieht so schön bunt und spannend aus, der grüne Rasen im gelben Licht. Ein richtiges Fußballfest. Aber was habt ihr daraus gemacht? Sobald ihr ein Tor hinten lagt, fielen

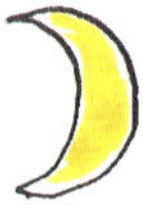

immer häufiger die Scheinwerfer aus. Und merkwürdigerweise immer dann, wenn die andere Mannschaft angriff!«

»Das war 'n Wackelkontakt«, sagt Rudi Wopper. »Außerdem schien der Mond, Herr Richter.«

»Erzähl mir keine Märchen, Rudi! Ihr habt den ordnungsgemäßen Ablauf des Spiels bewusst beinträchtigt. Habt aus einem schönen Fußballabend eine Zappenduster-Veranstaltung gemacht! Nicht mal der Schiedsrichter mit seiner Taschenlampe hatte den Durchblick. Einfach gemein. Auch für die Zuschauer!«

Die große Holzerei

Das Endspiel rückte immer näher. Die kleine trickreiche Fußballmanschaft musste nur noch das Halbfinale überstehen. Doch die Gegner waren inzwischen immer stärker geworden. Und die Mittel, um zu gewinnen, noch weniger zimperlich.

So kam es zum großen Tumult-Spiel gegen Frischauf Winzlingen. Ein knüppelhartes Spiel, mit Haken und Ösen. Selbst die Zuchauer konnten bald nicht mehr hinsehen. Es wurde getreten, geworfen, gezerrt und gezogen, gefoppt und gekloppt ...
Als Schiedsrichter Amselmann dem brutalen Treiben ein Ende machen wollte, stellte er erstaunt fest, dass seine rote Karte fehlte. War die etwa gemopst worden? Also versuchte er es mit der gelben. Er verwarnte und verwarnte, doch es nützte überhaupt nichts. Fröhlich wurde weiter drauflos gehackt.
»Uns sind die Nerven durchgegangen, Herr Richter. Die Sonne ... Und dann diese Hitze.«

»Der Verdacht liegt aber nahe, dass ihr mit Vorsatz gehandelt habt! Wie anders ist zu erklären, dass ihr vorher alle im Fitness-Center wart? Und zwar in der Kampfsport-Abteilung! Warum hat Heini Müller Karate gelernt? Und Fred Hämmerlein Judo?«
»Das war nur allgemeines Aufbautraining.«
»So plötzlich vor dem Halbfinale? Ganz ungewohnt von dir, Rudi Wopper!«
»Na klar, wir mussten doch spielerisch aufholen.«
»Und wozu dann der Box-Unterricht? Das Training am Sandsack?«
»Bodycheck, Herr Richter. Ist jetzt modern, körperbetontes Spiel. Wie in England. Hart, aber fair.«

»Kann mir Heini Müller mal erklären, warum er dazu Karate braucht?«
»Für weiten Einwurf ... gibt harte Handflächen ...«
»Was das sonst noch gibt«, schimpft der Richter, »steht hier sehr deutlich im Schwarzwälder Boten:«

Skandal in der Kreisklasse!

Unfairness und Brutalität / Eltern stürmten den Platz

Die Pokal-Begegnung FC Kleinheim* – Frischauf Winzlingen war wohl das faulste Spiel seit Bestehen unserer Kleisklasse.

Schiedsrichter Amselmann, früher ein sicherer Unparteiischer, geriet die Partie total außer Kontrolle. Trotz übelster Hackerei reagierte er nur mit ständigen Verwarnungen, da ihm anscheinend seine roten Karten abhanden gekommen waren.

Nach dreißig Minuten stürmten die Väter und Mütter der halb zusammengeschlagenen Winzlinger den Platz, um selbst zu retten, was von ihren Schützlingen noch übrig geblieben war. Schirme und Stöcke schwingend, jagten sie den FC in die Flucht.

Ein Teil des FC versteckt sich hinter Amselmanns Hose

Erst nach einer Unterbrechung von einer Stunde konnte das Spiel fortgesetzt werden. Amselmann hatte sich rote Ersatzkarten besorgt, um sofort mit Hinausstellungen reagieren zu können. Doch verlief die zweite Halbzeit des Spiels ausgesprochen fair. Gegen einen bis auf drei Mann zusammengeschmolzenen Gegner gewann der FC zum Schluss 6:0.

---

*Name von der Redaktion geändert

Ende der ersten Halbzeit: Die zusammengefoulte Winzlinger Elf wird von der freiwilligen Feuerwehr geborgen

Der Kommentar

In meinem letzten Kommentar sprach ich von der drohenden Umweltzerstörung. Von den Cola-Dosen hinterm Tor und dem Bonbonpapier am Spielfeldrand. Die Ereignisse zwingen mich, diese Woche zum Thema Frieden Stellung zu nehmen und die Leser zu fragen: Wo steuert unsere Jugend hin?

Wer im oben genannten Spiel miterlebt hat, wie diese kleinen Kampfmaschinen unbarmherzig und entschlossen alles niedermähten, dem graust es immer noch. Woher kommt diese Gewalt? Sehen unsere Kinder zu viel Fernsehen? Zu viel amerikanische Serien, etc. ...? Wenn wir nicht sofort den Anfängen in der Kreisklasse wehren, wird dies unabsehbare Konsequenzen für den Weltfußball haben. Denn machen wir uns nichts vor, liebe Leser: Die höchste Spielklasse ist die Erde und die USA spielen gegen China um die Tabellenführung! Was, frage ich Sie, würde passieren, wenn sie so spielten wie letzten Sonntag der FC?!

»Wer sich mit eigenen Augen überzeugen will, dass wir es hier mit einer Box- und Tretmannschaft zu tun haben, der schaue sich jetzt genau die Opfer dieser Hooligans an.«
Der Richter bittet die Zeugen in den Saal, und herein kommen die Eltern mit ihren kleinen humpelnden Invaliden.
Mein lieber Scholli! Noch nie hat man vor Gericht so viele Verletzte auf einmal gesehen. Blaue Augen, Gipsverband. An Krücken und auf Rollstühlen. Ein ganzes Lazarett, was da von den besorgten Müttern und Vätern hereingeschoben wird. Begleitet von den vorwurfsvollsten und strengsten Blicken des ›FC‹!
Das schlechte Gewissen der kleinen Fußballmannschaft hält sich allerdings in Grenzen.
Hacke macht als Erster seine Witze über die Opfer: »Echte Verbandsauswahl. Könnten aber auch glatt in der Krankenhausliga um die Meisterschaft spielen«, meinte er.
»1. FC Gipsfuß gegen Eintracht Krankfurt!«
Auch Franzl und die anderen fangen an zu kichern.
»Am besten in der Rentnerliga!«
»Bei den Opapas!«
»Den Tattergreisen!«
»Fehlen nur noch drei Gebisse! Klack, klack!«
»Und statt drei Punkten gibt's für jeden Sieg 'n Krückstock.«
Die Eltern sind empört über solch taktloses Benehmen. Und auch der Richter schüttelt den Kopf über so wenig Reue!
»Ich darf doch bitten! Mach dich nicht lustig über eure Opfer, Fred Hämmerlein, und auch du, Rudi Wopper, und all die anderen! Sondern schämt euch gefälligst!«
»Jawohl, Herr Richter.«

SPORTGERICHT

Endspiel und Alkohol

Nun will wahrscheinlich jeder wissen, wie es die kleine Fußballmannschaft trotz des Skandals schaffte, den Pokal doch noch zu gewinnen. Schließlich waren die Tricks des ›FC‹ inzwischen bekannt und zogen nicht mehr. Die Turnierleitung hatte für das Endspiel zusätzliche Vorsichtsmaßnahmen getroffen:

Die Trikots wurden auf Farbe und korrekte Zahlen kontrolliert. Harry Handlos' Handschuhe wurden überprüft, die Töppen aller Spieler ausgemessen und die Lautsprecher-Anlage blieb abgestellt. Zu guter Letzt kam noch Schiedsrichter Amselmann, um alle FC-Spieler nach Trillerpfeifen und Gummispinnen abzutasten.

Eigentlich konnte nichts mehr schiefgehen.

Der Endspielgegner hieß TuS Neudorf. Als dreimaliger Pokalgewinner eigentlich haushoher Favorit.

Im Gerichtssaal herrscht Spannung, als der Richter das bereitgestellte Tonbandgerät anstellt:
»Willkommen, liebe Zuhörerinnen und Zuhörer, zur Übertragung des Pokalendspiels ... hoffentlich haben Sie daheim auch so herrliches Wetter wie wir hier ... das reinste Fußballwetter ... gleich müssten die Mannschaften zur Aufstellung erscheinen ... ja, da kommen sie auch schon, um die Wimpel zu tauschen ... aber irgendetwas scheint mit dem TuS nicht zu stimmen ... sie sind etwas wacklig auf den Beinen, die Spieler von Neudorf ... der Spielführer hat ganz glasige Augen ... oh jeh, das kann ich sogar aus meiner Sprecherkabine erkennen ... sie wanken und schwanken. Liebe Sportsfreunde, sollte sich hier etwa ein neuer Doping-Skandal zutragen ... der Spielführer vom TuS weigert sich plötzlich seinen Wimpel zu tauschen ... Schiedsrichter Amselmann versucht zwar zu vermitteln, aber ohne Erfolg ... jetzt kommen die übrigen Neudorfer Spieler aufs Feld ... doch was sehen meine entsetzten Pupillen: sie torkeln ... was hören meine entsetzten Ohren: sie lallen ... liebe Sportsfreunde daheim an Ihren Rundfunkgeräten ... da gibt es keinen Zweifel ... die Truppe ist sternhagelvoll ...«

Der Richter stoppt das Band, um eine neue Kassette einzulegen.
»Ich werde nun ohne Kommentar den zweiten Teil der Liveübertragung vorspielen.«
Dann lässt er das Gerät weiterlaufen.
»... tja, liebe Zuhörerinnen und Zuhörer daheim, das ist ja wohl ein verrücktes Spiel ... das ist ja nicht normal ... der ›FC‹ greift wieder an ... was sag ich ... er spaziert gemütlich auf den gegnerischen Strafraum zu ... und da ist das Tor ... das 37te ... die Neudorfer bieten kaum ernsthaften Widerstand ... sie wanken friedlich übers Feld ... ihr Torwart schnarcht am Pfosten ... ja, und da fällt auch schon das 38te Tor für den FC ... 38 zu Null ... Torschütze ist diesmal allerdings wieder ein Neudorfer ... kaum zu fassen, das 31te Eigentor... das Spiel geht weiter. Anstoß ... Flanke über den rechten Flügel ... ja, was seh ich da? ... endlich mal ein beherzter Angriff des TuS Neudorf ... ein Alleingang ... ein herrliches Solo, liebe Zuhörer ... der Spieler ... ich kann seine Nummer nicht erkennen ... und Tooooor!!! ... wunderschön unter die Latte gesetzt ... zum ersten Mal muss Harry Handlos hinter sich greifen ... aber was sehe ich da? ... das Tor wird nicht gegeben, nein, der Schiedrichter hat auf Regelwidrigkeit erkannt ... weil ... der Linienrichter hat das Tor geschossen! Du meine Güte ... was ist hier los auf dem Platz? Der Ball ist rund ... ein Spiel hat 90 Minuten ... aber sowas?! Harry Handlos hat wieder abgeschlagen ... sehr weit hinaus ... und Tor! ... 39 zu Null, und weiter geht's ...«
»Ich möchte die Aufzeichnung hier unterbrechen«, sagt der Richter, »und dem ganzen Saal zur Abschreckung noch einige Videoausschnitte zeigen.«

Hallo, Herr Linienrichter, äh, ich mein Herr Schiedslichter quatsch, Herr Schiedsleuchter oder wie...
Chr, chr...
TÖRCHEN
5
Treffer versenk
Sie da, mit der Pfeife! Wo geht's zum Strafraum?
Sind ja so viele weiße Streifen hier!?
Ein schöner Platz...
und die vielen bunten B-B-Blumen
Das ist aber euer Tor!
5:0
Hand, Hand, Hand, Hand..
Schon wieder ver-ver-verfehlt

Nachdem alle das Video dieses unglaublichen Spiels gesehen haben, herrscht Stimmung im Saal.
»Ich darf doch um Ruhe bitten! Herr Amselmann, haben Sie denn keinen Versuch unternommen, das Spiel abzubrechen?«
»Doch, Herr Richter, natürlich. Ich hab die Neudorfer gefragt, ob sie sich nicht wohl fühlen, aber die haben mich immer nur angekichert und gesagt: ›Herr Drosselmann, wir sind voll da! Wir spiel'n jetzt volle Pulle, trallalla!‹«
Wieder Gelächter im Saal.
»Ruhe bitte!«, fordert der Richter. »Ruhe! Wer war der Übelheber dieser Urtat, äh, ich meine Urheber dieser Untat von Endspiel? Ich bin schon ganz durcheinander.«

Daraufhin meldet sich Hirni.
»Aha! Wieder einmal die Schaltzentrale!«
»Es sollte nur ein kleiner Umtrunk werden, Herr Richter. Eine Freundschafts-Begießung in der Umkleidekabine …«
»Eine sehr einseitige Freundschaft, Heini Müller!«
»Sie müssen wissen, Herr Richter, wir waren so berüchtigt, wir wollten auf ein faires Spiel anstoßen …«
»Und aus hochprozentiger Nächstenliebe habt ihr den TuS Neudorf das ganze Bier alleine austrinken lassen. Ich muss schon sagen, mir kommen die Tränen. Was hatte eigentlich der Linienrichter damit zu tun?«
»Herr Knöpfle? Der hat uns nur den Flaschenöffner geliehen.«
»Sieh mal einer gluck! Ich wusste gar nicht, dass man davon so beduselt werden kann! Doch nun zum letzten Punkt: Wo kam das viele Geld her?«
»Was für Geld, Herr Richter?«
»Das Geld für die Bierkästen!«
»Das war unser Geld! Ham wir aus der Mannschaftskasse genommen!« Als der Richter dies hört, ist er entsetzter denn je.
»Das ist ja wohl die Höhe! Das Geld aus der Mannschaftskasse ist zum Verreisen da. Für Auswärtsspiele. Oder zur Rasenpflege. Davon kauft man neue Netze. Oder Farbe, um die Tore anzustreichen. Aber was macht ihr damit? Ihr verprasst es für alkoholische Getränke!«

Das Urteil

Als sich Hirni wieder an seinen Platz gesetzt hat, erhebt sich der Richter und zeigt auf den höchsten und dicksten Aktenberg, der je auf seinem Tisch gelegen hat.

»Nachdem wir nun eure Missetaten zusammengetragen haben, kommt das Gericht zu dem Schluss, dass ihr dem Ansehen des Fußballs schweren Schaden zugefügt habt. Bevor ich das Urteil verkünde – habt ihr noch etwas zu eurer Verteidigung vorzubringen?«

»Wir sind nur ein kleines, unbekanntes Dorf«, sagt Rudi Wopper. »Nicht mal im Shell-Atlas – und haben noch nie einen Pokal gewonn' ...

»Das ist keine Entschuldigung! Wenn plötzlich alle kleinen, unbekannten Dörfer so spielen würden wie ihr, müssten wir die Sportplätze schließen. Im Namen der Fairness und des runden Balls werdet ihr hiermit verurteilt, den Pokal wieder herauszugeben. Außerdem werdet ihr für ein Jahr aus der Kreisliga ausgeschlossen!«

Der ganze ›FC‹ ist mit einem Schlag total geknickt.

»Erbarmen, Herr Richter, wir bereuen furchtbar ... wir geloben Besserung ... geben Sie uns eine Chance ... wir wollen in Zukunft auch immer ehrlich spielen.«

Der Richter guckt misstrauisch. »Wie wollt ihr das beweisen?«

»Ich werd in Zukunft nur noch gute Sachen durch den Lautsprecher sagen«, verspricht Hirni. »Zum Beispiel: ›Der Mittelstürmer braucht sich keine Sorgen zu machen, seinem Hamster geht es ausgezeichnet.‹«

»Und was ist mit den Drohbriefen?«

„Die verschick ich von jetzt an immer auf rosa Papier, mit Absender und handgeschrieben: ›Willkommen in unserem 16-Meter-Raum! Immer nur hereinspaziert!‹«

»Und ich«, verspricht Toni, »fall nie mehr hin im Strafraum, auch wenn ich noch so gefoult werden sollte.«

»Ist das euer Ernst?«

»Na klar«, ruft Harry Handlos. »Die Schwächeren kriegen ab sofort ein Tor Vorsprung ...«

»Außerdem sticken wir uns schöne große arabische Ziffern aufs Trikot!«, verspricht Franzl.

Auch Hacke will sich bessern: »Ich guck jetzt immer erst, bevor ich auf ein unschuldiges Füßchen trete ...«
»Wenn das so ist«, sagt der Richter, »will ich es mir noch einmal überlegen. Denn eine einsichtige Mannschaft kann man natürlich nicht so hart bestrafen.«
»Es ist wahr, jetzt erkennen wir es«, schluchzt Hirni. »Wir waren echt gemein! Voll böse! Wie können wir das je wieder gutmachen?«
Zum Schluss fängt der ganze ›FC‹ zu heulen an.
»Nun gut«, beruhigt der Richter die kleine Fußballmannschaft. »Ich habe mir eine andere Strafe ausgedacht. Eine Art Wiedergutmachung, die euch Gelegenheit geben wird, eure soeben erwachte Nächstenliebe in die Tat umzusetzen: Ihr dürft weiterhin in der Kreisliga spielen, unter der Bedingung, dass ihr ein Jahr lang die Betreuung eurer Seniorenmannschaft übernehmt!«

Die Spieler der ›FC‹ schauen überrascht zum Richterpult.
»Die Opis?«
»Sie sind zwar nicht mehr so spritzig, die alten Herren, aber von ihnen könnt ihr eine Menge lernen: Fairness, Gelassenheit und dass drei Punkte nicht alles im Leben sind. Wenn ihr dem Urteil zustimmt, erkläre ich die Verhandlung hiermit für geschlossen!«
So kam es, dass die kleine Fußballmannschaft das Seniorenteam des Dorfes unter ihre Fittiche nahm.

Was es da zu tun gibt, erklärt euch Rudi Wopper am besten selbst:
»Also Kinder, wir machen alles, was so anfällt: Linienrichter, Rasen mähen, gefährliche Löcher zubuddeln, Bälle aufpumpen, Spiele pfeifen. Natürlich sind wir mit der Abseitsregel nicht so streng, logo.«

»Wir übernehmen die Halbzeitmassage und schmier'n Brote für die Trainingspause. Und an kühlen Tagen gibt's auch warmen Eintopf.«

„Außerdem machen wir kleine Sanitäterdienste, falls mal einer umkippt oder 'ne kleine Herzattacke kriegt.«
„Tja, was bleibt sonst noch zu sagen? Irgendwann werden wir wahrscheinlich auch mal so alte Leutchen sein, und hoffentlich schiebt uns dann auch einer über den Rasen und kocht für uns 'ne schöne warme Erbsensuppe ...«

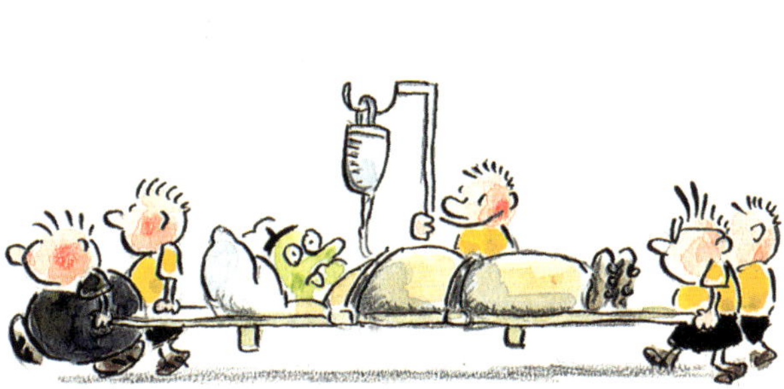

Achtung, Achtung
es regnet!
Schals und
Hustenbonbons
gibts beim
Schiedsrichter

Wir hoffen, dass euch dieses Buch gefallen hat und dass ihr nicht ganz so schlimme Rüpel werdet, wie wir es mal waren. Wir ham ja noch 'n bisschen Zeit uns zu verbessern. Und wenn wir profimäßig trainieren, Taktik, Dribbeln und die ganze Ballannahme und so, wer weiß, vielleicht sehn wir uns ja eines Tages in der Nationalmannschaft wieder. Bei Bertis Buben.
Bis dahin, Tschüs! – und schaun mer mal!

Eure kleine Fußballmannschaft.

Die Deutsche Bibliothek – CIP-Einheitsaufnahme

Die kleine Fußballmannschaft / Jackie Niebisch. -
Ravensburg : Ravensburger Buchverl.
Der Schrecken der Kreisliga. - 1998
ISBN 3-473-34993-3

Die Schreibweise entspricht den Regeln
der neuen Rechtschreibung.

4 3 2 1 01 00 99 98

Publ. by arrangement with books & more, München
Umschlagillustration – Jackie Niebisch
Umschlagkonzeption – Ekkehard Drechsel
Redaktion – Michael Kohlhammer
Gesamtherstellung – Appl, Wemding
Printed in Germany
ISBN 3-473-34993-3